하늘 편지

하늘 편지

2025년 7월 3일 초판 1쇄 인쇄 발행

지 은 이 | 손경준
펴 낸 이 | 박종래
펴 낸 곳 | 도서출판 명성서림

등록번호 | 301-2014-013
주　　소 | 04625 서울시 중구 필동로 6 (2, 3층)
대표전화 | 02)2277-2800
팩　　스 | 02)2277-8945
이 메 일 | msprint8944@naver.com

값 10,000원
ISBN 979-11-7439-010-3

※ 잘못된 책은 교환해 드립니다.
※ 이 책 내용의 일부 또는 전부를 재사용하려면 반드시 저작권자의 동의를 얻어야 합니다.

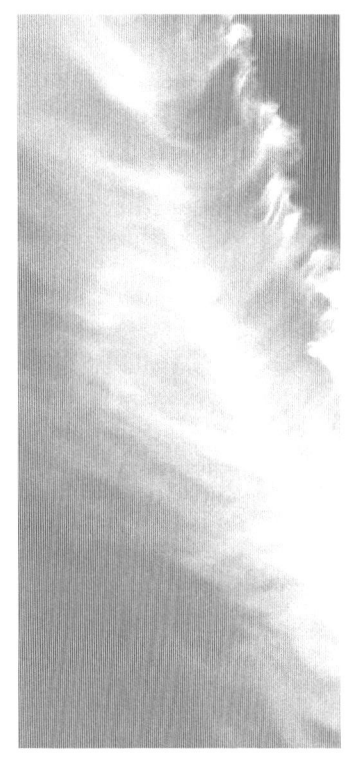

하늘편지

손경준 시집

도서출판 **명성서림**

목차

1부

11 해국海菊
12 향수香水
14 사랑도
16 사랑의 힘
17 5월의 편지
18 스케치
19 강가에 핀 유채꽃을 바라보며
20 봄 똥
21 시처럼 물처럼
22 새해 첫날
23 별비
24 추수
25 본성本性
26 붉은 지붕
27 수국
28 청춘
29 찔레꽃
30 초록의 땅
31 숲
32 해돋이와 해넘이
34 삶의 궤적

2부

39 홍 목련 한 그루
40 봄이 오기 까지
41 봄이 오는 길목
42 농도濃度
43 개화開花
44 통도사 홍매화
45 겨울
46 이끼
47 살아 간다는 것
48 오후의 바닷가
49 어느 늦가을 서정

50 찰나
51 몽당연필
52 시월의 마지막 밤
54 가을에게
55 가을바람은 어디로 가는가
56 가을이 오고 간다는 것에 대한 소고小考
58 단풍 단상壇上
59 하늘 편지
60 바람이 불어서
62 나무와 낙엽

3부

65 수련

66 풋 사과

67 아름다운 사람아

68 덕유산

69 시계꽃

70 연꽃

71 녹음이 짙어지면

72 신념

73 낙화

74 만선

75 촛불

76 우산이 되는 사람

78 빗소리를 듣기 위해

79 사랑의 의미

80 5월이 가기 전에

81 이팝나무 아래 사람들

82 자스민 향기

83 희망

84 가슴

85 뜬눈

86 밤비

4부

89 이별
90 9월의 어느 날
92 사랑하는 그대
93 고추(땡초)
94 대낮의 도서관
95 깊은 밤
96 잡초
97 여행
98 침묵
99 때時
100 첫눈

101 메아리(울림)
102 세월
103 텅 빈 마음
104 사구砂丘의 저편
106 다시 오지 않을 날을 위해
108 바퀴(굴레)
109 소소한 아침
110 강변의 하루
112 너에게로 가는 길
114 행복

5부

117 정情

118 갯바위

119 푸른 밤

120 마음

121 마음의 고향

122 낙타

124 6월이 오면

126 장미

128 씨앗을 뿌리자

129 허무의 역설

130 목야木夜

131 커피 향기

132 단풍

133 반딧불이

134 가을

135 파괴

136 호미곶

138 포구浦口를 보며

140 섬에 가다

해국 海菊

하늘이 맑은 날에는 바다도 푸르고
너도 밝다

처얼썩 소리내는 바닷가 해안 기슭에 피어나
바다를 노래했고
달과 별을 보며 살았겠다

가을에 핀 낭자여
오늘 그대 원하는 사랑을 만났는가

그렇다면
이토록 찬란한 가을의 정취에
흠뻑 젖어
화알짝 웃어나 주려무나

향수香水

나는 향수를 뿌리지 않는다
어쩔 수 없는 날이면
향수를 뿌릴 뿐,

어쩌면 나의 향수는
그 옛날 수많은 날 중
어느 한순간의
기억을 떠 올리는 일

그 향수는 달콤하지도
사랑스럽지도
그렇다고 아름답지도 않다

어느 날
코 끝이 찡하게 찾아오는
그리운 기억의
한 장면이라 할까

그 기억의 순간이
나의 눈과
나의 가슴과
나의 귀에 찾아와

내 목덜미에 지긋한 향수를 뿌릴 때

나는 너무나 편안한
꿈을 꾸며
그대 품속에 잠들고 만다

사랑도

사랑도에 가면
사랑 할 수 있을까

사랑도에 가면
사랑하는 사람을 만날 수 있를까

너는 지금 외로운 바다의 섬일까?
아니면
바다와 하늘
파도와 새들과 밀애를 나누는 중인가

내가 사랑도에 들어
사랑 사랑 노래하다
너의 품속에서
영영 빠져나오지 못한데도

끝끝내
사랑의 노래를 부를 수 있을까

나는 아직 너에게 다가가기를 주저하고 있다
언젠간 꼭 가야 할 너를 마주하고서...

* 사랑도: 경남 통영에 있는 사량도를 사랑도로 표현함

사랑의 힘

그 온유의 사랑이
그 뜨거운 사랑이
그 메마른 사랑이
그 혹한의 사랑이

나의 용기와
나의 질서秩序와
너로 인한 인내와
나의 사랑이 함께해

또 다른 생의 사랑에
기쁜 희망의 씨앗을 내민다

5월의 편지

우리가 원하고 원하였던
계절의 여왕 5월이 다가왔습니다
5월의 꽃은 진한 향기를 날렸고
초목은 싱글벙글 그랬습니다
5월이 가기 전에 사랑 고백 한 편 준비하여
고이 접어 그대에게 전하렵니다
장미는 터질 듯 입술을 내밀고
이 나라 마지막 꽃들은 붉은 피를 토합니다
나 죽어
5월의 꽃들과
5월의 싱그런 이파리
그리고,
5월의 푸른 하늘을 기억하렵니다
이 순박하고도 순리의 세상이
5월엔 더욱 아름답기를 원합니다
우리 모두의 모습이 5월처럼
아름답고 향기 나는 사람으로
또 그렇게 오래도록 함께 하였으면 좋겠습니다

스케치

밤새 너의 얼굴을 떠 올려 보았다
밤새워 너의 얼굴을 잊기 위해 노력도 하였다
지나친 그 많은 사람 중에
그대를 잊지 못하여 우는 사람
잊으려 해도 밤새 그리는 사람
하나의 얼굴
하나의 추억 속에
점 하나 찍고
선 하나 그린다고 잊어지랴
얼핏 지나친 얼굴 속에
그대를 다시 본다면
나는 서슴 없이
남김 없는 내 마음을 도려내어
그대를 붙잡아
재빠른 손놀림으로
흐르는 시간을 잡아 그대를 내 곁에 놓으리

강가에 핀 유채꽃을 바라보며

연인들이 말한 사랑의 밀어가 지나간 자리
밤새 봄비는 나리고
비 그친 강가에 핀 유채꽃은
더욱 선명히 짓 노랗다

아지랑이가 피듯 봄꽃의 샛노란 자태에
하늘은 너무나 맑고 눈이 부시다

다시 젊은 청춘의 노래와
연인들이 모여들면
강바람 타고 유채꽃은 한들한들 춤을 추고

잊었던 사랑과
그토록 사랑했던 나의 치열한 삶들이
선명히 유채밭에 물들면

아, 나는 오늘 강가에 핀 유채꽃을 바라다보다
아련히 짙푸른 옛 추억들이
주마등처럼 눈가를 스쳐간다

봄똥

이른 봄날에
누가 이런 달사꼬소한 푸른똥을 싸놓았나

밭고랑 허리춤 훔치고 널퍼지게 앉아
군데군데 푸른똥 누고 싶은

어느 봄날의 상큼한 유혹이여

시처럼 물처럼

나의 삶이
나의 노래가
시처럼 아름다웠으면 좋겠네.

나의 시가
흐르는 물이 되어
자연의 일부라도 되었으면 좋겠네.

굽이 굽이 흐르고 흘러
내 생애生涯 마지막 한 줄기 물이
하나 남김없이 바다에 가닿아

다시, 커다란 꿈의 소용돌이가 되어
깊고 넓은 바다의 품속에서
춤이라도 추었으면 좋겠네.

새해 첫날

새해 첫날을 만나는 날은
늘 설레고 싱그럽다
빛바랜 과거를 잊는
첫 출발점이기에 더욱 그렇고
또한, 첫 출발점에서 뛴다는 기쁨
인생에 수많은 첫 출발점이 있다면
나는 오늘 그 숨 가쁜
일백 미터 선수처럼 가슴은 쿵쾅거린다
내 생에 심장이 숨 쉬고
내 생에 영혼이 맑은 날
나는 기쁜 숨을 쉬리
나는 아름다운 노래를 부르리
새해 첫 날 아기 냄새나는 배내옷을 입고
첫 아기 울음으로
새해 첫날을 기쁘게 맞이하리
그 뜨겁게 타오르는 불덩이를 안고
잠드는 저 바다처럼
저 아기의 볼살을 비비는 어미의 마음처럼

별비

마지막 행간을 스치는 찬바람이 불면
하늘 끝에 매달린 붉은 별들이
후드득 후드득 떨어진다

한순간
가을 끝자락에 걸린
붉은 아기 별똥별이 꼬리를 문채

어디론가 모르게
별비기 되어 사르륵 사르륵 고개를 떨군다

* 아기 단풍이 지는 모습을 별비로 표현함

추수

그 간절했던

한해 농사가 시작된다

농부의 이마에는 굵은 땀이 맺히고

콤바인 내딛는 걸음마다

황금 들녘은 쓰러지고

한 가득 담긴 볏자루가 넘어가면

누런 들판을 바라보던 농부의 어깨에도

황금빛 노을이 조용히 스며든다

본성本性

아니 나의 마음이라 말하겠지
이제는 황혼을 향해
나는 부정할 수 없는 세월 앞에
그 파릇한 청춘도 물들어
단풍이 아름답다 말하고
꽃이 애처롭다 말하고

그 꽃이 지면
다음 꽃봉오리의 안부를 묻고

다시,
흙은
흙의 세월을 묻고

붉은 지붕

어느 해안가 커피숍 정원에
예쁘게 피어난 흰 수국
나풀나풀 날아가던
호랑나비 한 마리
흰 수국 향기에 취해
사랑의 향유를 즐길 때
한여름 벌겋게 달아오른 지붕이
무심한 하늘만 쳐다보고 있다

수국

수국이 활짝 핀 공원 벤치에 앉으면
그윽한,
수국의 진한 향기가 나의 섬모를 자극한다

수수하다 못해
순수하다 못해

한때, 피었다 시들어도 좋다

그 자리
어디엔가

당신이 있었으면
그 옆에 내가 미소 지었으면

수국은 더욱 아름다울텐데

청춘

바람이 널 보고 뭐라고 하더냐

구름이 널 보고 뭐라고 하더냐

세월이 널 두고 청춘을 묻더냐

찔레꽃

내가 지나는 풀숲 옆에는
찔레꽃이 한창이었지
찔레꽃이 나의 코와 뇌를 자극할 때
너의 눈가에도 이슬이 조용히 맺혔지
그 향기로움은 평화로웠으나
나는 왠지 슬펐다
더 이상 숲길을 걷지 못하고
길가에 주저앉으면
어디선가 불어오는 바람 한 줌
어디선가 소리 내 우는 새의 울음소리
나는 찔레꽃 향기에 묻힌 건가
아니면 찔레를 사랑한 것인가
찔레는 어여쁘고—
한편으론 너무나 슬픈데—
찔레는 누구도 슬퍼워 말라며
그 꼬부랑 숲길 모퉁이
지극한 향기 더욱 뿜어내내

초록의 땅

마디마디 목울대까지 넘어 튄 생명이야
너의 지나한 겨울을 비웃듯
새 봄에 다시
이렇게 찬란히 땅을 뒤덮고
천지를 물들이누나
너의 비좁은 틈새를 비집고 올라온
야생화는 또 얼마나 간절하고 아름답게 꽃피웠느냐
아, 때가 되면 언제나 그랬냐는 듯
초록의 땅은 다시 춤을 추고
날숨과 들숨의 생명들이
긴 초록 끝 언덕에서 오늘도 지친 어깨를 기댄다

숲

숲에 들어서

물밀 듯 밀려오는

숲의 소리를 들었다

빽빽이 들어찬

숲 한가운데

길을 잃고서야

비로소,

나는 숲의 가족이 되었다

해돋이와 해넘이

어둠이 걷히는 그 끝에
나타난 해돋이는
그 얼마나 찬란한가,

눈시울에 맺히는 눈물은 또 얼마나 영롱한가
그것은 어둠을 끝끝내 뿌리치고 일어난
당신이 있기 때문이다

해돋이가 피어올라 뜨거운 인생 한가운데
오늘 하루를 열심히 산사람이여
그 아름다운 오늘의 노고가 당신을 행복의
보금자리로 이끌 것이다

해넘이가 다가오면
당신의 어깨에도 노을이 아름답게 물들겠지

해돋이와 해넘이 사이
기쁨과 탄식 사이
탄생과 죽음 사이

그저 말없이
해넘이는 내일의 해돋이를 위해
묵묵히
긴 노을을 남긴채
또 서산을 넘겠지

삶의 궤적

네가 태어나고
네가 죽을 때 까지
생의 궤적은 말없이 그림을 그렸고

한 생이 태어나고 지는 것이
자연의 이치라면
모든 생은 자연 앞에 순응할 진데

아침 해가 돋고
저녁 노을이 피는 것
또한 자연의 궤적이라면

너와 나는 이 생에 무엇을 남기고
무엇을 거두었던가,
생의 궤적은 지금도 힐랄한데

정처없이 흐르는 구름과
소리내 우는 바람은
또 무엇을 남기고 흐르는가

생이 궤적을 남긴다면
궤적은 또 다른 궤적을 그리리
한 생의 끄트머리에서 그 궤적은 많이도 웃고 울었으리라

홍 목련 한 그루

이 봄 가기전에

꽃봉오리 터져라
붉어라
아름다워라

핏빛 뚝뚝 흘리며
비탈진 언덕에서 목청껏 외쳐 되는
홍 목련 한 그루

봄이 오기 까지

한 떨기 생명은 많이도 울었을 것이다
한 가지 소망을 품은 씨앗은 많이도 견뎠을 것이다

비바람불고
눈보라 휘날리고
천둥번개가 때려도
너는 포기 하지 않앗다

포기하지 않았기에
너는 지금 봄 앞에 서 있다

누구나 아름다운 봄을 맞을 수 없다
그것은 희망을 포기하지 않고
끝까지 시련과 싸워온 당신의 견고한 의지일 것이다

봄이 오는 길목

깡깡 시리 운 얼음 녹아 시냇물 졸졸 흘러내리고
봄소식 전하려 냉이, 달래 캐신 시골 할머니
장터에 나오시고
얼룩빼기 황소 긴 하품하며 꼬리로 툭툭
축사 문을 건드리고
바람이 쌩쌩 불어 젖히면
강둑과 논둑 흙이 일어나 봄을 깨우고
횡하니 불어 멀리 도망가는 바람 따라
산야의 초목이 기지개를 켜고
강가의 버들강아지 꽃샘추위에 눈웃음 짓는 소리

농도濃度

가지산 줄기에 걸 터 앉은 설산의 풍경과
그 설산을 안은 작은 호수에 비친
고즈넉하고 너그러움이
한 잔의 농익은 커피와 마주하면

아메리카노의 짙은 향기가
까페라떼의 달콤한 유혹이
농밀 지게 코 끝과 입속에
묵직이 다가와
엷게 흩어지는 가설加雪 같은 그리움이여

* 농도(濃度): 울주군 삼남면에 위치한 한옥 카페

개화 開花

찬 바람이 가슴을 떨게 했어도
찬 겨울이 어두운, 가장 힘겹게 나를 시험했어도
밤의 별은 빛났다는 사실
나도 그대도 떨지 않아
다시, 그 찬란한 봄
꽃망울은 움트었고
그 어둡고 힘들었던 날
그대는 한 가지 소망
한가지 희망의
전율은 찬 공기를 뚫고
그 아릿다운 감성의 꽃은 개화해
나와 그대 가슴에
그대와 여러분의 가슴에
봄이 찾아오면
우리는 그냥
아름답게 화알짝 봄을 맞는 것 밖에
또 무엇을 하리오

통도사 홍매화

겨울은 얼마나 너를 힘들게 하였던가
겨울은 또 얼마나 너를 인내의 숲으로 내 몰았던가

그 각질 끝 인내를 견뎌
새싹이 틔워낸
화사한 경내에 들어서면

어느덧
겨울은 소리 없이 지나
봄이 찾아왔으니

그 향기 봄 뜰 가득 하이 머물면
봄소식 찾아 미소 짓는 나그네여

경내에 첫 꽃이 피었다는 소식에
예쁜 봄도 환한 미소로 화답하네

겨울

겨울은 차디찬 얼음만큼 더욱 따뜻했으면 좋겠네
겨우내 잠든 생명이 온전히 시린 겨울을 견뎠으면 좋겠네

하늘에 겨울 비라도
하늘에 흰눈이라도
내리는 날이면
가슴은 더욱 온화히 아름다웠으면 좋겠네

한겨울 나목裸木, 눈밭 속, 얼음장 밑
강인한 생명의 끈이여

겨울 한란은 고고한데
겨울을 뚫고 나온 복수초는 이렇게 화려한데

아, 겨울은 쓰러지는 계절이 아니다
겨울은 지나한 추위를 견뎌
새 생명을 일으키는
커다란 꿈의 노래인 것이다

이끼

나는 어둡고 습하며 후미진 너의 틈에 기대어

너의 나이테, 옹이 몸속 깊이 박혀있는

상처에도 달라붙어

나는 더욱 단단하고 옹골찬 겨울을 견뎌

풍성한 봄의 생명이 떠들고 노니는

너의 푸른 때가 되리니

살아 간다는 것

슬퍼할 일 보다 기뻐할 일이 많기 때문이다.

나쁜 사람 보다 좋은 사람이 많기 때문이다.

내가 힘들어할 때 나의 손을 잡아줄
가족이 있고 친구가 있기 때문이다.

세상사 뜻대로 안되어도
오늘 보다 내일의 희망이 있기 때문이다.

내가 문밖을 나서면 돌아올 때까지
애타게 기다리는 사람이 있기 때문이다.

내가 마지막 한가지 뜻을 세워
오늘의 저녁을 밝힐 수 있기 때문이다.

오후의 바닷가

한적한 바닷가 낚싯대를 드리우고
노파는 또 다른 노파와 인생을 건져 올린 듯
다정히 모래사장에 앉아
대화를 나누고
노파들이 이야기할 때마다
쏴아 쏴아
철썩 철썩이며
노파들의 이야기를 엿듣는 바다
그 노파들의 대화와 바다의 노래를
인기척 먼 발치에서 하릴없이 바라다보는
어느 나그네 사이에
정적이...
소리없이 스치듯 지나가는
어느 오후의 바닷가

어느 늦가을 서정

단풍이 제 몸 하나 불태우고서
빈 쭉정이 되어 나뭇가지 끝에
힘겹게 대롱대롱 매달리다
바람 한 점 불어와 사뿐히 내려앉으면
발끝에 스치는 사각사각 소리
발 바닥에 부서지는 바스락 거림이
왠지 내 생의 노래가
내 생의 한 소절이 애타게 울 것만 같은
어느 늦가을 서정

찰나

그것은 찰나겠지
그럴거야

아마, 다시 태어난 데도
찰나에 살아 날 거야
그럴거야

찰나에 피고
찰나에 지는 꽃은
말이 없었다는 것이야

몽당연필

연필은 깎으면 깎을수록 키가 작아진다
연필은 깎으면 깎을수록 겸손해진다
연필은 깎으면 깎을수록 다정해진다
때묻은 몽당연필
고사리 손이 몽당연필을 쥔다
참 예쁘고 아름다운 손이다

시월의 마지막 밤

시월 마지막 저녁이
붉은 단풍을 물고 집니다

우리가 애타게 사랑했던 가을
그 따스한 햇살과, 풀벌레 소리와, 나뭇잎들의 향연

어디 가나 아름답고 풍요롭게 펼쳐진 들판
날아가는 기러기도 다시 돌아오리라 노래하는

시월의 마지막 밤이 서서히 저뭅니다
이제는 사랑할 때입니다

이 아름다운 계절 앞에 조금은 내려놓고
조금은 이해하면서 살아갑시다

시간은 유한하여 우리를 영원히 두지 않습니다
한때 아름답게 빛나던 청춘도
세월의 무게 속에 짙은 갈색의 나뭇잎이 됩니다

달이 구름 사이로 미소를 짓습니다
별이 총명이 바람에 스치웁니다

시월의 마지막 밤에
우리는 하나가 되어 가슴 뜨거운 노래를 부릅니다

가을에게

네가 갈바람을 타고 많이도 물감을 뿌려데는구나
어떤 그림이 너만큼 아름답겠느냐
너만큼 찬란하였겠느냐
우리가 너를 느끼는 서정은 평등하며
그것은 오롯이 우리들의 몫이다
나는 올해
네가 떠나기 전에 너를 마주하고
아름답고, 쓸쓸하고, 고독한 대화를 나누리라
네가 내년에 다시 찾아온다면
환한 웃음으로 너를 기쁘게 안아주리라
올해도 온다고 수고 많았다
내년에도 너의 문턱을 넘어 꼭 돌아올 거지?

가을바람은 어디로 가는가

가을바람에 바다는 찰랑거리고
바람이 불때마다 나부끼는 이파리와 잎새 사이
나뭇가지는 휑하니 찬 바람을 일으키고
단풍은 떨어져 나뒹구는데
이 가을바람은 무엇을 남기고
또 무엇을 데리고 바다 건너
저 멀리 흘러 흘러만 가는가
그저 말없이 어디로 어디로만 흘러가는가
나도 언젠가는 바람이 될 때
가을바람이 부는 곳으로 향할테지

가을이 오고 간다는 것에 대한 소고 小考

가을이 해마다 낯선 빛깔의 무지개로
다가온다는 것과

계절의 순환은
다시 가을을 이끌어 낸다는 것과

오늘의 가을을 보며
예전의 가을을 생각했다는 것과

가을에 허리 굽혀
낙엽 한 잎 들어 너에게 너를 물었다는 것과

너의 가을은 깊어 불그락 불그락 물들어
웃음지으면

너의 낙엽은 벌써 구르고 굴러
바람이 된다는 사실

오늘 내가 보는 가을은 오늘이라
나는 내일의 낙엽을 생각 않으리

단지, 오늘은 순진 무구히 짙게 물들어
웃음 짓는 너의 자태만 보리라

그리고, 황홀히 떠 있는 파란 하늘도
맘껏 푸르러라 푸르러라 힘껏 노래하노라

단풍 단상壇上

네가 단상에 올라
푸르고 푸른 초록을 벗고

벌거벗은 단상의 몸으로
붉은 피를 토하면

하늘은 파랗게 질려
너의 피 묻은 단상을

깨끗이 지우고 또 지워
내일의 초록을 준비할 지니

아, 서러워라 서러워라
그대 이 젊은 날의 단상이여

하늘 편지

매년 가을은 오고 또 가을은 지나가지만
오늘의 가을을 붙들어
저 하늘에 떠 있는 펜을 잡고
너에게 편지를 쓰노라
가을색에 물든 갈대와
하느적 하느적 춤추는 코스모스와
물고기를 낚아채는 왜가리와
가을바람에 휘감기는 강물과
가을에 물든 강변의 풍경을 담아
어느 가을 날
우리는 더없이 행복하였다고..
다시는 보지 못할 너에게
블루데이지 한 다발 꺾어 함께 보내느니
제발 잘 지내거라
그리고 행복하여라

바람이 불어서

바람이 불어서
한 송이 민들레는 홀씨를 날린다

바람이 불어서
새싹은 돋아난다

바람이 불어서
사계절은 춤을 춘다

바람이 불어서
나무는 키가 큰다

바람이 불어서
사람은 바람의 끝을 잡는다

바람은 생명을 일으키고
바람은 사람을 세우기도
넘어 뜨리기도 한다

바람이 불지 않는 정적의 숲과 땅에
누가 태어나며
누가 살것인가

바람은 불어야 하고
생은 아름다워야 하며

바람이 불어서
오늘도 한 생은 피고
또 한 생은 지나니

아, 바람은 불어서
다시 태어나는 이 순박한 광경들이여

나무와 낙엽

나무는 때가 되면
스스로 낙엽을 아래로 떨군다

떨어진 낙엽은 썩어
나무의 자양분이 되고

다시 이듬해 봄
아침 햇살에 눈비비며 새싹을 틔운다

낙엽이 아래로 아래로만
떨어져야 하는 이유를

나무는
진작에 알았기 때문이다

3부

수련

물 밑에 꽃대를 감추고 청초히 환하게도 피었구나

너를 보면
맑은 마음이 되고 맑은 눈이 되기도 한다

어떨 땐
내가 너의 물이라도 되어

더욱 아름답게 살고파진다

풋 사과

아물지 않은 그 상큼함에 질려
한 입 베어 물었던 그 짜릿한 시간
돌이켜 보면 다시 못 올 반항의 너울
시큼한 즙이 내 온몸에 퍼져
황홀해 하였다면
세월은 기다려 주지 않은 우편처럼
빠르게 흘러
이제는 저 만큼의 추억으로 자라나
태양은 풋 사과를 짙게 물들이고
노을에 젖은 붉은 사과가 주는
약간의 떫은맛과 텁텁함이
저문 석양의 가냘픈 고개를 넘고 있다

아름다운 사람아

세상에 태어나 동산을 올라
첫 별을 보았던 아름다운 사람아

칠흑 같은 밤에도 별을 생각하며
네 앞 길을 밝혀주던 아름다운 사람아

외로움이 사무치고
슬픔에 잠길 때
하늘의 별을 헤아리던 아름다운 사람아

언젠가 한 번은
네 별이 바람에 스쳐
강나루 끝에 내려오면

고운 두 손으로 받아낼
아름다운 사람아

덕유산

사계四季 중
너는 지금 여름 한가운데

굽이굽이 휘몰아치는 푸른 물결
고저의 조화
높고 넓게 펼쳐진 너의 활주

그 품속에서 오늘을 살고져 한다

네가 품고 있는 골짜기 냇가에는
나와 같은 생각을 가진
생명과 소리들로 얼마나 요란한가

그 많은 세월을 가슴에 품고
웅장히 서 있는 그대여

아, 아름답고 평화롭도다

덕유德裕여
덕유산이여

시계꽃

사람의 손목 시계는 지금도 돌아가는데
너희 수풀 속 나무속에서도 시계는 돌아갔구나
그래서 피고 지고 너희들도 째깍째깍 소리 내며
그렇게 한생들 살아냈구나

연꽃

진흙뻘 속에서 애타게 기다리는 저 인내를 보아라.

물밑에서 물 밖으로 밀어올리는 저 꽃대를 보아라.

꽃봉오리 터져 웃음 짓는 저 아름다움을 보아라.

녹음이 짙어지면

한낮 火의 열기는 숨통을 조이고
녹음은 푸르렇다 짙어만 짙어져만 가고
새들은 강가, 숲속에서 맴돌 뿐이다
녹음은 푸른 물결 넘실대는 상록수 언덕을 넘어
활엽수 가늑한 계곡에 도착해서야 쉼을 취한다
저 푸른 상록수 너머에는 또 다른
푸른 녹음이 저문 강을 향해
노래를 부르겠지 부를 테지
아, 우거진 녹음 너머에 비친 너의 청춘
계절은 또다시 너의 시간을 뒤로 한 체
잎새는 변하고 낙엽이 흩날리면
너는 녹음 가득한 산을 넘었던 기쁜 추억하나
고이 가슴에 간직 할테지

신념

당신이 있었기에
저는 오늘도 오늘의 하루를 걷습니다
당신이 지켜보기에
저는 저의 삶에 최선을 다했고 지금도
하고 있습니다
당신이 저를 믿었기에
그 믿음 하나로 지금 여기까지 쫓아왔습니다
당신은 지금
제 앞에 없습니다
당신은 저 멀리에서
저를 지켜보고 계십니다
당신은 바람도 아니고
영혼도 아닙니다
단지,
저 만의 믿음입니다
오늘도
저는 그 믿음 하나 믿고 걷고 또 걷겠습니다

낙화

이 세상 모든 꽃들은 피었다 진다
한 계절이든 또 다른 계절이든
늘 해와 달과 별과 꽃들에 둘러져 있다
한 평생 펴보지도 못하고 사그라드는
꽃은 또 그 얼마나 많던가
잘난 꽃, 못난 꽃, 후회의 꽃, 원망의 꽃
바람 앞에 계절 앞에
다 떨어지고 마는 꽃이려니
너는 낙화다
다 버려라
너는 피어있었기에 낙화가 될 수 있었다
오늘 너는 바람 앞에 선 낙화
바람과 함께 나부끼는 꽃잎, 잎새
그 얼마나 화려하고 찬란한가

만선

대구가 한가득 넘쳐나면
바다 한가운데
가라앉을 듯 가라앉을 듯
떠오르는
저 풍요를 보라

동선動船은 바다를 가로지르며 둥근 원을 그리고
오색 깃발 치켜세운다

바다 위 작은 배에서 울려 퍼지는
풍악소리
징 소리
용왕님께 절을 하고

쓰러질 듯
바다도 넘실
배도 넘실

배부른 배는 항구에 도착하자
그만 기진맥진하여 나자빠진다

촛불

조용히
마음의 불을 댕기면
어둠을 불 싸지르며 나타나는 환희의 꽃

금세 밝아지는 환한 얼굴
눈가에는 차곡히 눈물이 고인다

굳은 심지 심장 깊숙이 틀어박고
불꽃이 타들어 심장에 떨어진
애절한 화농

그 눈물 다 마를 때까지 춤을 추는 카타르시스여
마지막 심장 끝 불을 댕기다
어둠과 함께 사그라드는 혼의 노래여

우산이 되는 사람

비 한번 안 맞아 본 사람 없을 것이다
바람 불어 몸 한번 휘청 거려 보지 않은
사람 없을 것이다

비바람이 불면,
그 비바람을 견디기 위해 우산 하나로
버티는 사람

그 사람은 눈물로 비바람을 맞아본 사람일 것이다
그 사람은 사랑의 소중함을 누구보다도 잘 아는
사람일 것이다

비바람을 견뎌야
따뜻한 가족의 품이 있다는 것을
생각할 줄 아는 사람일 것이다

우산은 집집마다 있다
오늘도 우산을 쓰고 가는 사람들의
뒷모습은 그 어떤 사랑보다 아름답다

스스로 우산이 되기를 자처하는 사람이 있다
그가 우산이라는 것을 까마득 모른다
그 사람은 이 우산을 들어야 쏟아져 내리는
비를 피한다는 것을 아는 사람일 것이다

우산이 되는 사람..
그 사람의 가슴은 참 따뜻하기도 하여라
그 사람의 눈물은 참 아름답기도 하여라

빗소리를 듣기 위해

빗소리를 듣기 위해
나는 아득한 옛날을 추억하였다

빗소리를 듣기 위해
나는 아득해진 소리를 소환하였다

빗소리를 듣기 위해
가지런히 누워 귀를 맑게 하고 지긋이 눈을 감았다

빗소리가 창을 타고 내린다
걸쳐진 나무에 토닥 토닥

집 옆에 세워진 텐트에서 타닥 타닥 타닥 타닥
비는 밤 풍경을 타고 귀를 타고 내린다

빗소리를 듣고 귀를 만지작 만지작 어루만지작 하였더니
나도 모르게 스르르 스르르 잠이 들고 말았다

사랑의 의미

사랑받을 때 나는 행복했다
사랑을 줄 때 나는 더욱더 행복했다
사랑의 의미가
그저 아낌없이 주는 나무와 같다는 것을
알기까지
나는 한 평생이 걸렸다

5월이 가기 전에

5월이 가기 전에
아름다운 사람 얼굴 한 번 더 보아야겠네

5월이 가기 전에
파란 하늘 한 번 더 쳐다보아야겠네

5월이 가기 전에
짙은 녹음 한 번 더 숨 쉬어야겠네

5월이 가기 전에
장미꽃향기 그대에게 전해주어야겠네

5월이 가기 전에
사랑하는 사람, 사랑하는 나의 숨들에

세상의 너른 창 펼쳐
사랑한다 사랑한다 또 외쳐야겠네

이팝나무 아래 사람들

하늘에서 하얀 쌀밥이 내려오면
하늘 밑 사람들은 쌀밥 아래로 모여든다
쌀밥이 맛있다는 건
누구나 잘 알지만
쌀밥이 눈물 밥이라는 것을
아는 사람들은,
쌀밥 한번 실컷 먹어 보고 싶어 했던
배고픈 사람들은,
하늘 꽃 나무가 하얗게 피면
쌀밥 한가득 마음속 챙기고 쟁였을
마음 하얀 사람들
눈물겨운 사람들
아, 오늘도 아팝나무 아래 사람들이 모여들었다
흐드러지게 피고 진다

자스민 향기

꽃망울이 보이길래
물조리로 물을 주었습니다

다음 날 아침

향기에 이끌려
베란다로 나가보니

나 좀 봐 주세요, 하며

보랏빛 웃음으로
환하게 화답하였습니다

희망

성난 파도가 거세게 달려와 바위를 뚫겠다는 의지

스코틀랜드 북방 가넷은 시속 100km로
정어리를 잡기 위해 수직 하강하였다는 것

어린 새싹을 틔기 위해 차디찬 얼음 밑에서도
인내의 씨앗을 품었다는 것

전쟁의 포화 속에서도
산모는 새 생명을 지키기 위해
그 어떤 위험도 이겨내어
마침내 아이의 울음소리를 들었다는 것

절망의 비전보다 희망의 비전이 이긴다는 것

절망의 틈 속에서도 희망의 꽃은 피어난다는 것

희망이 없으면 꿈도 없다는 것

희망은 또 다른 내일의 희망을 불러일으킨다는 것

가슴

누구에게나 가슴 하나 간직하고 살지
태어나면서부터 간직하는 가슴
태어나고도 또 다른 가슴을 간직하는 사람
가슴은 내가 살아 있다는 심장을 갖는 것이다

나는 뜨거울 때나
차가울 때나
그리고 무관심할 때에도
가슴은 늘 뛰었다는 것

그래서
지금도 그 뜨거운 가슴 하나 믿고
살았다는 것

가슴이 다시 뜨겁게 요동칠 때
진정 나는 또 이 생을 살아 낸다는 것

뜬눈

불야성 같은 불꽃이
어둠을 불 싸지른다

불씨 같은 희망이
어둠을 몰아낸다

뜬눈으로 밤을 지새우고
도착한 그곳

고향보다 더 따스한 가족이라는
그 아늑한 품속

밤비

조용히 창문을 열고 밤비가
내리는 소리를 듣습니다

낮에 들리던 새소리, 풀벌레 소리는
들리지 않습니다

낮에 들리던 소리는 어둠에 묻히고
오직 빗소리만 내 귀를 어루만집니다

잠시 눈을 감고
밤비 소리를 듣습니다

그러다
나도 모르게 스르르 잠이 들고 맙니다

밤비는 하염없이 창문을 타고
긴 밤을 두드립니다

이별

바람이 이는 것은 나의 차창 밖 풍경
나뭇잎 춤출 때 나는 슬픔에 갇혀버려

이렇게 계절은 또 다른 풍경을 자아내
나는 미쳐 몸 둘 바 모르와
멍하니 차창만 바라볼 뿐

나는 지금 어디로 가는가
정처 없는 구름은 내 마음 알 터
흐르고 흐르면 다다를 곳 있으려나

이 내 맘 어이할 바 몰라
내리는 기차 역마다
늦가을 서정만 가득하여라

9월의 어느 날

9월..
녹음이 빛을 발하고
가을 빛으로 옷을 갈아입는 계절

태양은 한여름같이 따갑고
곡식과 과실은 햇살의 정열에
녹아드는 계절

눈부신 가을 하늘에
떠 있는 솜털은 내 마음을 편히 쉬게 하고
저 창활히 푸른 하늘이야, 구름아

너희는 어디에 머물다
내 마음 하늘을 날고 싶을 만큼
아름다움을 토해내나

아, 계절은 자연의 순환을 노래하고

이 계절을 잊고
이 계절을 기억하고
이 계절에 울고
이 계절에 웃는 이..

계절은 반복되나니
다시 웃고, 울고 사랑할 준비를 하고
그 속에서 가을은 익어
너와 나의 품속에서

9월의 어느 날

한 번쯤 소설같이 아름답게 다가올 것이니

사랑하는 그대

밤하늘에 영롱한 별이 빛나고

땅에는 화사한 꽃들이 만발하다면

제 가슴속에는 그대가 늘 숨 쉽니다

그대를 사랑하고 간직하는 나는

참 행복한 사람입니다

고추(땡초)

재 넘어 산은 굽고
들녘의 태양은 습한 맹위를 떨친다
아물 데로 아물은 녹음은 터질 듯하고
한낮 어스름한 생명체는 자취를 감추고
숨숙여 우는 그늘 속에는 두 눈만 껌뻑인다
약이 오른 고추처럼
약삭 바른 생명은 멀리 달아나고
고추 따는 손은 바쁘기만 하다
숨이 턱밑까지 차오르면
석양이 저무는 언덕 위로
길게 늘어진 그림자 하나 앞을 지운다
저녁 밥상에 한 입 베어 물면
고놈 참 맵긴 맵구나

대낮의 도서관

진열된 온갖 혼들의 낯선 입들이 춤을 춘다
무언의 입
유언의 입들이
깃발을 들고 쫓아온다
놀란 가슴 웅크려 책장 틈 모퉁이에 기대면
어디선가 바다를 유영하던 귀신고래 한 마리
등에 올라타라 하며 꼬리를 내린다
온갖 입들이 꼬리를 물고 따라오면
푸른 고래는 거센 동해 물결을 등에 업고
분분한 입들을 따돌리며 유유히 사라지다
어느 낯선 해안가
사내아이 하나가
먼 수평선 끝
물을 뿜고 달아나는
푸른 고래 한 마리 건져 올려
신이 난 듯 집으로 달려간다

깊은 밤

자정을 넘어 울어대는 부엉이
깊은 밤
두 눈은 또렷하다네, 또렷하다네

서글피 우는 풀벌레 소리... ...
녹음은 짙어가고

어디선가 다가서는 달빛의 노숙한 얼굴
이 밤도 호수는 잔잔히 누웠으니

가뭇없는 바람 소리만
하염없이 깊은 밤을
처량히 달래 누나

잡초

바람도 올 때는
부딪치는 게 있다

소리 죽여 우는 모든 존재는
맞닥뜨리는 것이 있다

운다는 것
그것은 절박의 분노

바람도 울고
너도 울고 나도 울 때
그 무엇으로 서로를 붙잡아 주며 살아가리

풀뿌리와 같이 풀잎과 같이
쓰러지면 또 일으켜 세워주고
쓰러지면 내가 먼저 안아주는
그런 잡초처럼……

살같이 부딪치며 서로 어우러져
넘어지고 쓰러져도 다시 일어서는
허다한 풀

여행

보고, 느끼고, 사색하며

나의 존재와 너의 부재를 찾아가는 것

침묵

조용한 밤이 찾아왔다
조용히 눈을 떴다

조용한 아침이 왔다
조용히 눈을 감았다

눈을 감고
눈을 뜬 사이
밤과 아침 사이

침묵은
그렇게 조용한 밤을
묵인하고 있었다

때時

때는 일촉즉발 같아서
사랑이나 이별이나

탄생과 죽음 또한
때의 연속신상

모든 과정이 그렇듯
때는 있고, 때는 져서

그때는 인생을 거슬러 올라
생각하는 찰나의 모습

오늘도
연어처럼 살다가

때맞춰
물처럼 흘러가는 이 순간에도

그때는 노을같이 지고
해처럼 떠오른다

첫눈

첫눈이 내립니다
첫눈이 하얗게 쌓입니다

첫눈이 내리는 새벽
아무도 걷지 않는 설국의 나라로

당신을 향해
나는 기쁘게 나아갑니다

첫눈에 인사하며
발자국 꾹 꾹 남기며

메아리(울림)

바다의 깊은 짠내가
내 비릿한 몸을 적실 때

미쳐 빠져나오지 못한 육肉과 영靈은
썩을 대로 썩어
몸은 마비되고 영은 달아나

제대로 설 수 없는
고육의 땅을 지탱하며
양지바른 날 볕에 널다 만 피륙..

한줄기 고운 빛은 마음속 깊은 전율이 되어
굳어버린 내 몸과 마음을 감싸안고
뒤뜰에 피어 기다린 꽃처럼
허다한 나날이 나를 괴롭히며

한송이 고운 꽃 향은 그렇게 기나긴 밤
기나긴 파란 속에 눈물겹도록
아름답게 다가왔음이라

세월

햇살빛 푸르게 푸르게 덧칠한 청엽도
추산 깊이 물든 만추의 저 홍엽도
때가 되고 해가 기울면 지는 것을

깊게 내려앉은 호수에 비친
그림자 하나
달빛도 내려와 내 등을 미는구나

텅 빈 마음

바람을 채에 거르고
바닷물을 그물로 건져 올려

따뜻한 햇볕이 내리는
양지바른 뜰에 널어두고

종달새 울어대는
가파른 산등성 올라 올라
매화나무 심는 나그네야

파아란 하늘도 구름도
친구 되어
놀자 하네

사구砂丘의 저편

황량한 사막 한가운데 회오리바람이
모래 바람을 일으키고
바람은 밤새 모래를 할퀸다

바람이 지나간 자국마다 깊은 주름을 만들고
또 다른 사구가 생겼다 지워졌다 한다

하늘의 푸른 성운이 바람에 스치고
푸른 은하가 눈부신 저녁 밤하늘을
수놓는다

여명의 울림은 짙은 안개를 걷어내고
사구의 저편,
찬란한 아침해가 사구에 붉은 얼굴을 내민다

낙타는 무릎을 꿇고 사구 쪽을 응시하며
눈물을 짓는다

이제, 사구를 향해 무릎을 세우고
긴 여정을 시작한 낙타의 등 뒤에도
아침 해가 비추고

사구를 오르는 낙타와 나그네의
여정이 눈물겹게 아름답다

다시 오지 않을 날을 위해

다시 오지 않을 날을 위해
나는 오늘 이 순간
후회 없이 살아야겠다.

다시 오지 않을 날을 위해
나는 밤이 찾아오면
달과 별을 노래해야겠다.

다시 오지 않을 날을 위해
나는 지난 덧없이 흘러간 시간을 반추反芻하며
앞으로 주어질 시간에 충실해야겠다.

다시 오지 않을 날을 위해
나는 나 자신과 주위를 사랑하는
사람이 되어야겠다.

다시 오지 않을 날을 위해
나는 관용과 지혜로
하늘이 나를 안 듯
그렇게 살아야겠다.

다시 오지 않을 날을 위해
나는 오늘 내가 가야 할 길을 마주하고
조용히 눈을 감고 기도해야겠다.

바퀴(굴레)

저 쉴 새 없이 굴러가는 윤회輪廻의 사슬은
정지된 화면의 파열음처럼 낯설고

밤거리 네온사인 뒤에 숨은 피에로처럼
끊으려야 끊을 수 없는 인습因襲과 욕망은
한 마리 파랑새 되어 허공을 맴돌다

뚝 하고 떨어진 새처럼
길고 긴 길 위에 누워있다

소소한 아침

정원의 꽃
꽃과 나비
이슬에 맺힌 풀잎

파아란 하늘
뭉게구름
눈부신 태양

새소리
풀벌레 소리
매미소리

살랑살랑 불어오는 바람
바람에 나부끼는 빨래

소소한 아침에 차려진 평온의 밥상

강변의 하루

오늘도 삐거덕 거리는 자전거 뒤에는
노인의 희망찬 낚싯대가 실려있다

아침 이슬을 머금은 갈대숲을 헤치고
강변에 들어서면 오리들이 자맥질로 분주하고
새벽달은 아침을 깨우듯 슬그머니 줄어든다

강변에는 밤새 이루지 못한 청춘의 꿈들이
노랫소리 되어 시끌벅적하고
쓰러진 술병만이 간밤의 이야기를 대변하듯
나뒹굴어져 있다

기러기들은 밤새 하늘을 날고, 날지 못한 기러기만
별을 안고 갈대숲에서 서걱서걱 울고 있었다

여명이 밝아 오자 줄지어선 오리들 사이로
윤슬이 퍼지고, 노인들의 희망이 하늘을 가른다
여기서 퍼뜩 퍼뜩, 저기서 퍼뜩 퍼뜩
낚싯대 소리 요란하다

오늘도 강변의 기러기는 날지 못한 지난날을 후회하며
강변 구석을 헤집다 하루를 보내고 있다

그렇게 강변의 하루는 노을이 저물 때까지
세월을 낚고 있었다

너에게로 가는 길

내가 너에게 가는 길은 멀었다
네가 나에게 오는 길 또한 멀었을 것이다

나는 강에 있었고
너는 산에 있었기 때문이었지

나는 발밑에 물이 찰랑찰랑 차 올라와
내 얼굴이 강물에 잠기는 날까지
너를 생각했다

너는 산속에서 안개와 천둥 치는 비바람을 맞으며
길을 잃었을 때에도 나를 걱정했으리라

한순간 선택이 너와 나를 슬픔 아닌
슬픔의 끈을 가슴에 동여 맨 체
긴 세월 새처럼 울어야 했다

이제 서로 강에서 나오고, 산속을 나와서
만날 수 있는 길 위에 선다면
너와 나는 슬픔의 매듭을 끊고
회한의 질곡을 벗어나, 기쁨의 눈물로
새처럼 날아가리라

나는 너에게, 너는 나에게 오는 길은
가까우면서도 멀고도 멀었다

* 이산가족의 슬픔을 표현한 시

행복

행복은
멀리 있는 것이 아니다

행복은
많이 소유함에 있는 것이 아니다

행복은
거창한데 있는 것이 아니다

행복은 가까이 있고
행복은 베풂에 있고
행복은 사소함에 있다

발로 찾고 머리로 찾는 행복보다
마음과 가슴으로
감사함과 사랑으로 행복을 찾자

5부

정情

흘러가는 구름처럼
저 나부끼는 바람처럼
흐르는 세월만큼 깊고도 깊어

어느덧
애증의 강을 건너
떼려야 뗄 수 없는 피붙이 되어
몸속 깊숙이 자라고 있었다

갯바위

비 내리고
파도치고
바람 불던
모진 세월 겪어내니

너도 이제는 의젓하고
인자하게 늙어

자연의 일부로
당당히
바다와 하늘의
친구가 되었구나

푸른 밤

밤하늘에 별이 가득하다
금방이라도 쏟아질 붉은 별, 푸른 별, 흰 별
별은 지고 검은 밤을 밝히는 외로운 나그네야
푸른 별은 푸른 나라의 꿈을 꾼다

유성의 끝자락에서 간절한 기도를 올리고
푸른 별은 하얀 새벽이 오기 전에
붉은 별의 초상이 되어
푸른 밤을 밝히는 외로운 파수꾼이 된다

마음

마음이 산란하여 하늘을 쳐다보니

달빛은 바람에 쏠리고

별똥별 하나 획, 하니 마음을 가르면

애써 참았던 심장

그제야 춤을 춘다

마음의 고향

하루 해가 저물 때면
저 날아가는 기러기와
노을을 보노라면
나는 한 마리 새가 되어 황혼의
노을을 품고 싶어라

아침에 들려오는 새소리
녹음진 풀잎 소리
눈에 비치는 저 태양의 눈부신 빛
입으로 전해오는 감미로운 혀의 향연

그 모든 것이 고향의 숨소리
밖으로, 안으로 밝아 오는 마음의 고향은
오늘도 내일도 모레도
그 속에 숨 쉬는 소리와 언어와 행동이
오늘을 밝히고

다시는 마음의 고향이 오지 않을 것처럼 떠도는 별
떠도는 몸부림 끝에는 늘 고향의
그 언덕이 나를 보고 있었다

낙타

소금 밤 내리는 저녁
아스라이 별은 창공에 빛을 발하고
낙타는 꿇은 무릎을 천천히 세우고
당당히 별을 본다네

낙타는 유랑자에게 등을 허락하고
사막의 언덕에 목숨을 걸지
끝이 없는 여정의 행로는 낙타에게
마지막 죽음의 자유를 선사하고
낙타는 떨어지는 유성을 끌어안으며
등을 내리칠 망나니를 그린다네

무릎을 꿇고 별을 향하여
목을 쭉 뺀 낙타여,
눈물을 보이지 마라
눈물을 보이지 마라

언제나 당당하여라
언제나 의연하여라

그것이 너의 자유이니 슬퍼마라, 슬퍼마라
그것은 네가 고스란히 별의 고향으로 가는
마지막 여정이다

낮보다 뜨거운 모래사막 한가운데
별들이 모이를 쫓는 고단한 모래 무덤 위
별의 어린 새끼 한 마리 안식을 취한다

내일 다시 별이 떠오르는 날
무릎을 세우리
무릎을 세우리
그리하여 어느 때보다 뜨거운 사막을
걷고 또 걸으리
별이 지기를 허락하는 그날까지

6월이 오면

6월이 오면..

나 그대

잊지 않으리
잊지 않으리

고귀하고 순수한 청년의 혈기
그 진한 피
산야를 붉게 물들이고

피었다 진 가련한 꽃잎이여
푸른 소나무여

지천에 쓰러져 잠들어도

6월이 되면..

그 혼백
그 애끓는 사랑
백의보다 더 희어

순수하고 순결의 사랑이 피었도다
나는 그대를 사랑하는 백합이려니

아,
순백의 사랑으로
순결의 이름으로
쓰러진 영혼을

안아주오
안아주오

장미

오, 찬란한 아침의 태양이여
오, 이토록 붉은 여인을 보았는가

사랑의 화신, 붉은 살점 겹겹이
피어난 당신이여

오, 사랑의 고귀함 이여
오, 사랑의 슬픔이여

저 넝쿨진 가지 사이 뽀족이 가시 달고
피어난 5월의 생명이여
담장에도
화단에도
대문에도

뉘 님을 기다리는가
뉘 님을 사랑하는가

너의 그 붉은 입술에 취하고
너의 유혹 앞에 취하여
가던 길손 멈춰 세우고

코 끝으로 전해오는 너의 향기에
또 한 번 취하리니

정녕,
사랑을 취하려는 자여
사랑을 고백하려는 이여

이 붉디붉은 여인을 꺾어 가려거든
사랑 맹세문 하나 적어 갈 일이다
5월의 이파리 떨어질 때
울지 않으려면
울지 않으려면

씨앗을 뿌리자

따뜻한 봄날
씨 밭에 정성情誠의 씨를 뿌리자
시詩밭에 사유思惟의 시를 뿌리자
뜨거운 여름 날 구슬땀을 흘리자
가을이 되면 풍성한 열매를 보자
마음을 다한 씨, 시가 웃는다
열매를 거둬들이고
마음의 씨앗들을 준비하자
씨, 시가 여물어 간다

허무의 역설

하늘에 떠다니는 구름처럼
강 위를 떠도는 낙엽처럼
비가 그친 언덕의 무지개처럼
인ㅅ공간을 떠도는 나처럼

목야 木夜

아침엔 해가 걸리고
밤에는 달이 걸린다

나는 오늘도 가만히 숨죽여 서 있다
해가 오고 달이 온다

심지어 못생긴 조류들도
집을 짓고 잉태하는 공간

나는 두 팔 벌린 채 벌거숭이 된 몸
살붙이 하나 내줄 수 없는 바람들

그 몸을 가리고 다듬는 시간
바로 달빛 아래 자연의 한 조각이 되는 시간

달빛도 구름 속에 잠드는 이 밤
나는 깊은 정적의 호수가 되었네

커피 향기

따뜻한 아메리카노 한잔 주세요..

손 끝에 전해오는 따스함

코끝으로 그윽하게 퍼지는 커피향을 맡는다

커피 향기가 좋다

커피향 따라 그대 생각이 온 몸에 퍼지는

이 따뜻한 시간

나는 오늘도 코끝으로 커피를 마신다

단풍

붉은 강산이 바람에 춤춘다
그 붉음은 심장을 뛰게 하고
이름 모를 산야마저
붉은 선혈로 물들인다

계절은 초록의 파고를 넘어
갈색 물결과 붉은 노을을
부끄러움으로 삼켜버린다

붉음이여,
아름다움이여,
그리움이여,

가장 아름답게
가장 화려하게
가장 진지하게

붉은 피를 토해다오

반딧불이

어둠이 내리는 밤
강둑 풀숲 사이로
반딧불이 한 마리 불쑥 내 앞을 지나간다
머릿속은 온통 유년 시절이다
오므린 두 손에는 반딧불이 한가득 불 밝히고
반딧불이 추억하나 여름밤 하늘을 수놓는다
밤 하늘에는 반딧불이 닮은
달 조각들이 사방으로 흩어지면
달 조각을 쫓아다니던
개구쟁이 아이들의 웃음소리에
밤 하늘 가득
숲과 산이 신나게 춤을 춘다

가을

가을이라서 좋다
가을이라서 멋지다
그대가 있어 더욱 아름답다

그대와 커피를 함께하고
낙엽 떨어진 가로수 길을
같이 거닐 수 있어
더욱더 사랑스럽다

가을..

참, 좋다

파괴

내 심장을 뚫고
당신의 얼음장 냉가슴 심장을 관통하고
따뜻한 피가 흘러 강이 되고

그제야,
한 송이 홀씨가 날갯짓하고
꽃을 피울 때다

호미곶

한 마리 호랑이가 포효하는 한반도 최동단 이곳
푸른 바다 위
시퍼런 심장에 뿌리내린 오른손 하나
육지에는 땅의 지심을 밟고 일어선
왼손 하나 서있다
아침에는 바다에서 첫 번째 떠오르는
찬란한 붉은 불덩이를 잡고
낮에는 바다의 심장들이 고동속 뱃길을 열고
저녁에는 달과 별을 움켜잡는다
그 기상 하늘을 찌를 듯 장대하여
하늘을 날던 새들도 더 높이 솟구치고 뱃고동 소리 우렁차다
하늘에서 선녀가 내려오고 바다 용왕이 뭍으로 올라와
하선대에서 사랑을 나누고
연오랑 세오녀의 애달픈 사랑이 해와 달로 환생한 이곳
해와 달이 숨쉬고 별들이 빛을 토하는 아름다운 땅끝
이곳에는 오늘도 군상들의 목메임이 먼 하늘 끝을 향한다
천년만년 이 기상 지키고 보존할 터
붉은 심장이 춤을 추는 곳이다

우리는 이곳에서 소원하나 희망하나 노래하고
타는듯한 목마름으로 사랑의 보금자리 하나 가슴에 짓
고 가자

* 호미곶: 포항 대보면에 위치한 일출명소

포구浦口를 보며

밤새 바다 이야기를 들은
배들이 옹기종기 모여
긴 밤의 여정을 잊은채
낮잠을 청한다

한낮 포구 끝에 매달린
갈매기들이 먼바다를 바라보고
나의 귀는 궁금증으로 더욱 쫑긋해지고
나는 밤이 되면 저 정박된
배의 고박을 스스로 끊고
바다 한가운데로 나아가리라

깊고 푸른 바다 위에 떠있는 달을 보고
하늘의 별도 보리라
그들과 찬란하고 아름다운
이야기도 나누리라
간혹, 하늘에 떠있는 북두칠성이라도
보이면 경배하리라

바다에 일렁이는 달무리, 별 무리를
배에 한가득 싣고
희망찬 만선의 꿈으로 포구에 들어서면

달무리, 별 무리 풀어헤치고
간밤의 이야기를 들려주리라

그렇게 밤바다는
사랑하는 임처럼 아름다웠노라고

섬에 가다

오롯이 섬 하나 서있다

날아가는 새들의 생명의 경계에서
바다와 하늘의 경계에서

아침은 배부른 태양의 찬란한 가슴을 품고
낮에는 은빛 물결과 입맞춤하며 장단을 켜고
밤에는 달과 별들의 노래를

뉘 임을 기다리다 이렇게 화들짝 놀라
밤의 적막을 애써 떨치려 하는가

임은 아는가 섬의 사랑을

섬은 고독의 독을 품고 나와 한 몸이 되어
파도소리, 별소리, 달소리에 잠든다

고독의 몸 부림에서 아침 이불을 개고
섬의 사랑에 고개를 떨군다

섬
멀어지는 섬

섬 어느새 너와 나는 점으로 남는다